अनुभव से अहसास तक

Priyanka Thapliyal

BookLeaf Publishing

India | USA | UK

Presentation by *BookLeaf Publishing*

Web: www.bookleafpub.com

E-mail: info@bookleafpub.com

ISBN: 9789360944933

First edition 2024

अनुभव से एहसास तक

ये जीवन के विविध एहसास है,
कुछ खट्टे कुछ मीठे कुछ कड़वे,
कुछ सच से परिपूर्ण कुछ झूठ से सचे,
कुछ बरसात की गीली मिट्टी की ख़ुशबू से,
कुछ सर्दियाँ की धूप से,
कुछ दिवाली की रोशनी से,
कुछ होली के रंगों से,
कुछ मिठाई की मिठास से,
कुछ राम की भक्ति से,
कुछ शिव की शक्ति से,
कुछ अग्नि से रूप के, कुछ पूजा के स्वरूप से,
जीवन के हर रंग और ढंग के , ये जीवन के विविध
एहसास हैं, हर रूप के हर रंग के।
बस जीवन के इन्हीं छोटे-छोटे एहसासों को अनुभव
कर आगे बढ़ती हूँ,
आप अपने साथ इन एहसासों को मेहसूस करने के
लिए, मैं सादर आमंत्रित करती हूँ।

नानी की कहानी

नानी की कहानी में दिल और धड़कन दोनों होती है,
सच पूछो तो एक नरम एहसास होता है,
आज की कहानियों में वो बात कहाँ है जो नानी की
कहानी के स्पर्श में होती है,
नानी की कहानी एक प्रतीक सा महसूस हुई जो मुझे
मेरी ही पहचान से रूबरूकरवा गई,
वो पहचान जो जीवन की धूल में कहीं गुम सी गई,
वो पहचान जो नानी की याद से झूम सी गई,
नानी का घर, वो अमरूद का पेड़, वो गंगा का किनारा,
सब याद है मुझे…
सुबह-सुबह नानी का मंदिर ले जाना, शिव की भक्ति
से पहला परिचय, सब याद है मुझे,
फिर क्यों आज ही ये एहसास है, फिर आज ही क्यों ये
बात—जीवन का चक्कर है जी, चलता ही रहता है,
नानी तुम मेरी नींव हो, मेरे पास नहीं पर हर एहसास
में हो,
तुम और तुम्हारी यादें जीवन की मिठास हो—मेरी
नानी तुम लाजवाब हो,

सच पूछो तो नरम एहसास हो।

राखी - एक एहसास

आओ सब मिल त्यौहार मनाएँ, राखी के रंगों की तरह
घुल-मिल जाए,
राखी के त्यौहार के एहसास को अपने जीवन में ढाल
जाएँ, एक दिन नहीं, हर दिन यह उत्सव मनाएँ,

राखी रिश्तों का पर्व, खुशियों का पर्व, आओ सब
उसकी भावना में डूब जाएँ, आओ दोस्तों राखी
मिल-जुल के मनाएँ,
रिश्तों की भाषा बदले, परिभाषा नहीं, रिश्तों का रूप
बदले स्वरूप नहीं, रिश्तों के रंगों को राखी में जीवन
भर के लिए भर दें,
आओ रिश्तों में जमी धूल सब मिल कर हटाएँ, आओ
सब राखी मिल-जुल के मनाएँ।

दोस्ती का एहसास

दोस्त - यारों के यार हो तुम

दोस्त तुम हमसफर मेरे, हमदम साथी मेरे,
तुम हो ज़िंदगी में तो जीवन है नव रंग,
क्योंकि ऐ दोस्त यारों के यार हो तुम,
जीवन की लाइफ लाइन हो तुम,
ऐ दोस्त तुम्हारा होना ही काफी है,
ख़राब दुखी दिनो के संरक्षण हो तुम,
जीवन के कन्फ्यूज़न का जवाब हो तुम,
तुम उन पलों के साथी हो...जहाँ कभी हम खुद को ही
खो देते हैं,
तुम आईना मेरे, अक्स मेरे,
तुम....जीवन की लाइफलाइन हो मेरे।

जो शब्दों में ना बयान हो वो एहसास हो तुम,
जीवन में धीरे अधूरे पलों की सहर हो तुम,
तुम थेरेपिस्ट मेरे, तुम क्राइम पार्टनर मेरे, तुम
हॉस्टल में रात में मैगी बनाने वाले रूमेट्स मेरे और
फिर वार्डन के सामने चुप रहने वाले सीधे दोस्त मेरे,
सदा साथ रहे, ये चाहता है दिल,
दोस्ती की राहों में, बहे ये खास खूबसूरत सिलसिला
हमेशा...
यादें तो धुँधली पड़ सकती हैं लेकिन एहसास नहीं...
ऐसे ही बने रहना तुम दोस्त मेरे, क्योंकि यारों के यार
हो तुम.... जीवन की लाइफलाइन हो तुम...

यादों का सफर

यादों का सफर ऐसा होता है, जो खुशियों के साथ-साथ
आँखें भर जाता है,
संग रहती है यादें हर पल,
लेकिन आँखें नम हो जाती हैं
यादों की धुंध में दिल खो जाता है।

जब भी तुम्हें याद करते हैं,
हर लम्हा, हर पल महसूस करते हैं।
गुज़रे वक़्त की लहरों में,
यादों के साथ-साथ चलते हैं।

दिल में बसी हैं तुम्हारी याद,
जैसे सुंदर सी चाँदनी रात,
अनगिनत भवनाओं का ख़ज़ाना,
हर पल हमारे साथ।

मिलने की आस है तुम्हारी यादों में,
जैसे घने अँधेरे में उजाले की आस,
जीवन की राहों में, यादों के साथ,
यादों का सफर ऐसा होता है, जो खुशियों के साथ-साथ
आँखें भर जाता है,
संग रहती है यादें हर पल,
उसके नाम हो जाते हैं और यादों के धुंधलके में दिल
खो जाता है हमारा।

विचारों की लहर

समुद्र की लहरों की विशालता अपने विचारों सी लगी,
उथली-पुथली ही सही, एक ठहराव दे गई।

इस विशालता में अपने प्रश्नों का उत्तर ढूँढती हूँ,
इस विशाल जलाशय में खुद को ढूँढती हूँ।

जब उन लहरों को अपनी तरफ उत्तरों को लाते देखा,
ऐसा लगा कि लहरों की तरह उत्तर भी तट पर अपने
निशान छोड़ चले गए,

फिर मन में दूसरा विचार आया....

ये सफ़ेद उड़ती हुई खामोशी में मन हुआ की खो जाऊँ।
इस विशालता का सुंदर दृश्य फिर से मन में बसाये
जाऊँ,

समुद्र के इस तट पर साथ होते हुए अपने को अकेला
सा पाया,

अकेला और अकेलेपन का अंतर समझ आया,
समुद्र के मंथन जैसा प्रश्न और उतर का बवंडर सा
पाया,
इतना विशाल है समुद्र की अपनी कशमकश को वहीं
छोड़ दिया आने का फैसला किया,
क्योंकि,
समुद्र की लहरों की विशालता आपके विचारो सी
लगी,
उथली-पुथली ही सही, एक ठहराव दे गई।

दिल का एहसास

काश मेरे दिल का एहसास तेरे दिल तक पहुँच जाए,
दूर ही सही, लेकिन दरवाज़े पर नज़र डाल दी जाए,

काश मेरे दिल का एहसास तेरे दिल तक पहुँच जाए,

दूर से ही सही पर काश मेरी दस्तक कि आहट तू
पहचान जाए,
इस दस्तक की आहट में छुपी है सालों की बातें जो
कहनी थी तुमसे।

ऐ दिल तू ये भी जानता है कुछ रिश्ते सिर्फ महसूस
होते हैं ना कि बोले जाते हैं,
तो ऐसा करना कि अगर दरवाज़ा बंद मिले तो खिड़की
के रास्ते दस्तक दे देना,
ताकि मेरे दिल का एहसास उसे छूह वहीं से उड़ जाए।

हमसफ़र का एहसास

खामोशी तेरे मेरे बीच महसूस हुई है, वैसी सी खामोशी जो शांत नहीं अशांत करती है, खामोशी जो स्थिरता नहीं लाती है,

हम दोस्त बने, हमसफर बने, फिर माता-पिता बने, इन सब में हम दोनों को कहीं खोया सा पाया, साथ होते हुए भी पास नहीं महसूस कर रही हूँ।

दूरी रिश्ते में जरूरी है लेकिन जिस दूरी से आवाज़ और एहसास एक दूसरे तक ना पहुँचे। वो दूरी खुलने सी लगती है,

कोशिश करना और रोज़ कोशिश करना ही रिश्ते की खूबसूरती है, अगर गुस्सा है लड़ाई है तो प्यार और हँसी भी ज़रूरी है,

इस दूरी के एहसास को कौन मिटाएगा, तुम या मैं या हम दोनों, ये फैसला हम पर है ये कोशिश भी हम पर है...क्योंकि कोशिश करते रहना ही रिश्ते की खूबसूरती है। तो एक ईमानदार कोशिश करनी ज़रूरी है।

दर्द का एहसास

वैसे तो हर पल दर्द का एहसास है
हर पलों में आपके ना होने का एहसास है..
जब आप गए थे, तब लगा था कि बस डगमगयी हूँ,
यह पूरी (पूर्ण) कोशिश में थी कि संभल जाऊँगी।

आज की बात करें आगे

आज किसी ने अपने को खोया तो एहसास है कि
आपको फिर से खो दिया है, फिर से उसे दर्द से
गुज़ारा..
किसी और के दुख में फिर से दुखी हुई मैं उसके लिए
या अपने लिए सच कहूँ नहीं, पता नहीं।

लेकिन उसके चेहरे में अपना दुख देख के और दुखी
हुई मैं। तब समझा है कि ये दर्द का एहसास तो हमेशा

रहेगा, शायद उसकी परिभाषा बदल जाती है...उसका रूप बदल जाता है

इस कोशिश में एहसास हुआ कि आप खुद के लिए संभल रहे हैं या दूसरा चाहते हैं कि मैं संभल जाऊँ इसलिए संभल रहे हैं।

क्यों हम दूसरों की आवाज़ में अपने दुख को समेटे हुए हैं

प्रश्न तो बहुत है पर जवाब नहीं क्योंकि इस दर्द के एहसास का कोई समाधान नहीं जीवन के इस अधूरेपन को अच्छी यादों से भरने की कोशिश है बस यही कहना चाहती हूँ कि समय बड़ा हो आज नहीं तो कल।

माँ का इंतज़ार

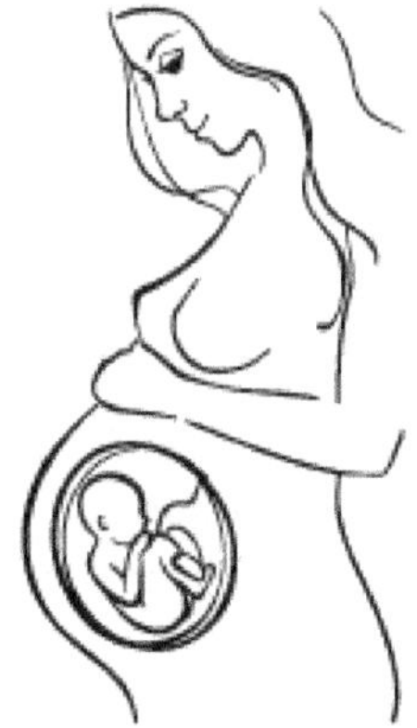

इंतज़ार रहा हमेशा तुम्हारा कि कब जीवन के
अधूरेपन को पूरा करने आओगे,
इंतज़ार लंबा होने के साथ-साथ बहुत अकेलापन छोड़
गया,
हिम्मत जब टूटने लगी तो एहसास हुआ कि तुम आ
गए हो,
जीवन के एक नए दौर में हमें खींचे ले जा रहे हो।

आँख नम और दिल में बहुत सा प्यार भर गया, ये
इंतज़ार थोड़ा और छोटा हुआ,
तुम्हारे आने की दस्तक सुनी और मौसम बदल गया,

आज इंतज़ार है कि कब आओगे और अपनी नन्ही
उंगलियों से हमें थपथपाओगे, इंतज़ार है कि कब
अपनी मुस्कान से हमारे जीवन को निखारोगे,

इंतज़ार भी इतना सुंदर हो सकता है हमें इस बात का
एहसास नहीं था,
इस इंतज़ार में आने वाले कल की एक कल्पना छुपी है
जिसे सोच मात्र से ही होठों पे एक मुस्कान सी आ
जाती है।

एहसास तुम्हारे होने का, तुम्हारी नन्हीं आहों का,
ये एहसास बताता है वास्तविकता और भ्रम का
फर्क... इस फर्क पर जीवन रुका है अभी,
इस फर्क को समझने की कोशिश है अभी,
तुम हो यहीं हो दिल के करीब हो, ऐसा एहसास जीवन
में पहली बार हुआ है,

एहसास तुम्हारे होने का, तुम्हारी नन्ही आहटों का,
आज इंतज़ार है कि कब आओगे और अपनी नन्ही
उंगलियों से हमें थपथपाओगे, इंतज़ार है कि कब
अपनी मुस्कान से हमारे जीवन को निखारोगे।

पिया

ओ पिया तू पास नहीं दूर सही
स्पर्श नहीं एहसास सही
ज़िंदगी है, चलती रहेगी
जब तक है तेरा संग हम हमसफ़र
ज़िंदगी की उथल-पुथल में, ओ पिया मैं हूँ तेरे संग
तू ख़्वाब मैं उसका रंग, ओ पिया
तू आसमान है मेरी पतंग में
तू पिया मेरा, मैं तेरी हमसफ़र
ओ पिया जब हम संग तो दुनिया के रंग ही सतरंग

चाहत

क्या चाहती हो तुमसे वो सुन,
दिमाग से नहीं दिल से सुन
चाहती हूँ मुझे मुझ सा रहने दो,
क्यों लोगों के बोलने में बदलून तू ये तो सुन,
जहाँ तक हूँ आज, बहुत लंबे सफर के बाद हूँ, इन्हीं
गुणों को देख कर तुम आए मेरे जीवन में,
लेकिन अब लगता है क्यों ऐसा कि जानते हो पर
मानते नहीं,
तुम साथ दो, मेरा साथ चलके मेरे,
तुम साथ दो, मेरा बिना मुझे जताए,
तुम साथ दो, मेरा पहले सा जिसमें सिर्फ प्यार हो ना
कि उम्मीदों वाला प्यार,
बस यही है चाहत कि हर दम तुम्हारे साथ चले,
बस तुम अपना सा बना के तो चलो,
बस यही चाहत है, तुम सुनो तो सही मेरे हमदम।

गुरु मेरे

गुरु तुम दिशा हो, गुरु तुम तेज हो, गुरु तुम मन में हो,
गुरु तुम घोटाले में हो। गुरु तुम सर्वस हो,
जो सीखा तुमसे वो तुम्हीं को अर्पण,
जो सीखा तुमसे जीवन दर्शन,
तुम माँ हो और आत्मा हो,
मेरे गुरु / गुरुओं तुम आकाश हो। तुम वो क्षितिज जो
अनंत है। तुम वो रूप जो जिसका कोई, अंत नहीं कोई
विस्तार नहीं।

तुम वो रूप लेते हो जो मन चाहता है,
तुम वो स्वरूप हो जो मुझ सा,
तुम वो शक्ति हो जो अंदर मेरे,
तुमको कोटि-कोटि प्रमाण है मेरा।

तुम शिव मेरे जैसे सिर्फ मैं ही जानती हूँ,
तुम्हारा रूप मुझे अपना सा लगे,
तुम वह स्वरूप जो दुनिया से परे,
तुम मेरे रंग जैसे,
तुम राम मेरे जो हर पथ में साथ मेरे,
तुम राम मेरे जो हर दिशा में साथ मेरे,
तुम राम मेरे जो सही और गलत मेरा सच जानते हो,
तुम वो गुरु मेरे जो दिशा भ्रमित मन को, दिशा दे
जाते हो।

तुम सर्वस्य मेरे, तुम गुरु मेरे

अधूरा एहसास

एक अधूरा एहसास हो तुम,
आज, कल और हमेशा से तुम लेकिन एक अधूरा
एहसास हो तुम,
जो एहसास पूरा होते हुए भी पूरा नहीं है,
करी तो हर कोशिश हमने फिर भी अधूरे से रहे हम,

एक सवाल जीवन का जो अधूरा सा है,
क्या ख़ूब है लेकिन फिर भी अधूरा सा है,
जीवन के हर सवाल के बीच का सवाल है,
वो सवाल जो बहुत बार जवाब भी दे जाता है,
इस सवाल के पीछे लगता है कुछ अधूरे से हैं हम,

है एक अधूरा एहसास जो हमको पूरा सा कर जाता है।

उमर का पड़ाव

मेरी उमर पे मत जाइये, मेरे सफ़र को समझो,
मेरे बालों की चाँदनी में छुपे तजुर्बों को समझो,
और मेरे लड़खड़ाने पे मत जाइए मेरे सफ़र को
समझिए,
मेरे चेहरे की सिलवटों में जो साल छुपे हैं उन्हें देखो,
मेरी आँखों की थकान पे मत जाइए उसमें छुपे काई
राज़ है,
और गेरी सुंदरता को और व्यक्तित्व को मेरे शरीर के
रूप में मत ढूँढिए,
मन को पहचानने की कोशिश करो,
क्योंकि मन ही आईना और मन ही दर्पण मेरे जीवन
का...ऊपरी रूप तो बदलता रहता है अगर सिर्फ उसे
जाना तो ऐ दोस्त क्या जाना मुझे।

उमर का ख़ूबसूरत पड़ाव है जिसमें सफ़लता चुप
ठहराव में है ना की चंचलता में,
उमर का पड़ाव है जिसमें स्थिरता ज़रूरी है,
और मुझे मेरे सच के साथ इस उमर के पड़ाव को
महसूस करने दो,
सही ग़लत की उधेड़बुन तो मेरे पीछे छोड़ आई, अब
पड़ाव है स्पष्टता का,
इसलिए मेरी उमर पे मत जाइए, मेरे सफ़र को
समझिए,
और अगर कुछ बुरा लग जाए तो मेरी दृष्टि का भला
न समझो मेरे जीवन के पड़ाव की इज़्ज़त कर लेना।

जीवन का आभार

जीवन का आभास, कैसे गहरा
हर एक पल में, है उसकी महक और मिठास।

धन्यवाद जीवन का, जो खुशियों से भरा,
हर सुबह, हर शाम, हर दिन नया अद्भुत सफर।

सूरज की किरणों में, चाँद की चमक में,
सागर की लहरों में, बादलों की भरम में।

प्रकृति की सुन्दरता, जीवन का अमूल्य वरदान,
हर पल धन्यवाद कहते हैं, इसे गले लगाकर हम।

प्रेम की मिठास, संगीत की मधुर ध्वनि,
परिवार की गहराई, मित्रों का संग और रूप महिमा।

धन्यवाद जीवन का, जो सिखाता है हमें जीना,
सारे जहाँ की खुशियों को, हमने ज़िंदगी से सीखा।

सपनों की उड़ान, और मन की उमंग,
हर एक क्षण में, है जीवन का संघर्ष और संग।

धन्यवाद जीवन का, जो देता है हमें इस जहां का
एहसास,
हर एक पल में, हम करते हैं उसका सम्मान और
आभास।

जीवन की कृपा, हर एक उपहार का अद्भुत आभास,
धन्यवाद जीवन का, हम भरते हैं उसका मन के साथ।

उलझन और सुलझन

जो आप समझो ज़रूरी नहीं, अपने भी समझे जो आप
समझो ज़रूरी नहीं,
दूसरे भी चाहे उम्मीद, और अपेक्षाओं की अजीब
उलझन है ये जीवन।

शायद विचारों से पैदा हुई उम्मीदें कम होने की
अपेक्षा,
लेकिन मन और भावनाओं से जन्मी अपेक्षाएं क्या
कर सकती हैं,
दोनो में तार तम्य बनना बहुत मुश्किल सा लगता है।

दिल को हम समझाते हैं कि संतुलन रख, जीवन के
मोड़ के हिसाब से मत बदल,

दिल है कि लेकिन, परंतु की कशमकश में उलझन हैं,

कोशिश है कि जीवन में इस संतुलन को कभी सीख
सकूँ,

दर्द तो अपना है, आदमी भी अपना है और उससे जुदा
दुख भी,

सबसे पहले बस समझना इतना है कि दूसरे से पहले
खुद को समझ पाऊँ,
दूसरे से पहले खुद से उम्मीद करूँ,
और दूसरे से पहले खुद से ही अपेक्षाएँ रखूँ।

सिया

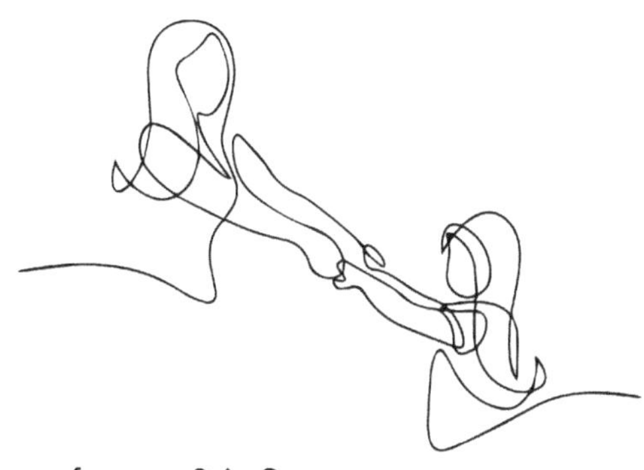

सिया हुई चार महीने की आज,
जीवन में तुम लाई हो नया सा प्रकाश,
जीवन की धारा को मिला है एक स्थिर आकाश,

तुम्हारी आँखों में अपना प्रतिबिम्ब बुक करें। उस
प्रतिबिम्ब में अपनी नई पहचान देख खुश हूँ,

इन चार महीनों में दोस्तों का साथ पा कर हम नया
जीवन जीते हैं।

आज 9 साल का इंतज़ार कम लग गया। तुम आए तो
ज़िंदगी हमारी फिर खिल उठी,

सिया हुई चार माह की आज, जीवन में एक नया
एहसास, पूरी तरह, रम गई हूँअपने को भूल गए
अपने को पा गई मैं,

माँ का मतलब माँ बन के समझने की कोशिश कर
रही हूँ,

इस एहसास को दिन प्रति दिन समझ रही हूँ और बेहतर समझ रही हूँ।

आज तुम 4 महीने की हो तो एहसास है कि तुम यहीं हो मेरी हो सिर्फ मेरी हो।